어느 세월에
나는 나를
다 살아서

어느 세월에
나는 나를
다 살아서

초판 1쇄 발행 2024. 12. 11.

지은이 한정화
펴낸이 김병호
펴낸곳 주식회사 바른북스

편집진행 박하연
디자인 김민지

등록 2019년 4월 3일 제2019-000040호
주소 서울시 성동구 연무장5길 9-16, 301호 (성수동2가, 블루스톤타워)
대표전화 070-7857-9719 | **경영지원** 02-3409-9719 | **팩스** 070-7610-9820

• 바른북스는 여러분의 다양한 아이디어와 원고 투고를 설레는 마음으로 기다리고 있습니다.
이메일 barunbooks21@naver.com | **원고투고** barunbooks21@naver.com
홈페이지 www.barunbooks.com | **공식 블로그** blog.naver.com/barunbooks7
공식 포스트 post.naver.com/barunbooks21 | **페이스북** facebook.com/barunbooks7

ⓒ 한정화, 2024
ISBN 979-11-7263-861-0 03810

• 파본이나 잘못된 책은 구입하신 곳에서 교환해드립니다.
• 이 책은 저작권법에 따라 보호를 받는 저작물이므로 무단전재 및 복제를 금지하며,
이 책 내용의 전부 및 일부를 이용하려면 반드시 저작권자와 도서출판 바른북스의 서면동의를 받아야 합니다.

어느 세월에 나는 나를 다 살아서

— 한정화 시집 —

너로 인해 좋았다,
씩씩하게도 굳게도 푸르게도 네가 살아
내가 살았다는
그 말

바른북스

목차

1부

별 생각 11

어느 봄날 12

꽃 지던 날 14

유통기한 15

태풍주의보 17

처용전상서 18

불혹 20

잘 죽었더라면 21

고래 때문에 22

건망증 하느님 2 23

햇빛이 남아있는 저녁 24

반반 26

반성문 28

오늘 밤 술래 29

종신형 31

별 32

목련꽃 그늘 아래서 33

2부

새 1   37
새 2   38
집이 남은 집   40
공   42
지금은 생리 중   44
봄날은 간다   46
목련꽃 피는 밤   47
사월에는   48
올여름 매미   49
왼손으로 쓰는 편지   50
복어   51
안개   52
지느러미의 꿈   53
삼월에 내리는 눈   54
우리집 강아지   55
벽   56
새는   57

3부

꿈꾸지 않은 꿈   61
내 오래된 기타   63
강천사 가는 동안   64
금 밟으면 죽기   65
건망증 하느님 3   66
봉숭아   67
생각   69
함박눈   70
깨끗하다는 말   71
본의 아니게   72
봄밤   73
메리를 찾습니다   74
천하태평 골목   75
노을이 지는 시간   76
건전지를 들고   78
요새 내 마음이 수상하다   79
내 집에 살던 벤자민   81

4부

참 푸른 바다　87
끝나지 않은 옛날이야기　90
바다가 보이기 시작했을 때　92
이력서를 쓰다가　94
그 바다에 노을이 지다　95
하룻밤 대천　97
어머니의 십팔 번　99
팁　100
장마　101
빨래집게　103
누구, 사월이 눈에 가득한 저 소녀를 도와줘　104
백일홍　106
우리 다시 만날 수 있다면　107
아버지의 어항　108

어느 날, 내게로 와준 시인　112
후기

1부

별 생각

저 별은 수업료 미납 이름 불리기 싫어 상관면 신리 조약돌 줍는 땡땡이 동생별
저 별은 그 동생 책가방에 새벽잠 덜 깬 돈, 손 시리고 발 시린 돈 몰래 넣어주는 언니별
저 별은 밑 빠진 독에 물 붓다 그 독에 코 박고 밤마다는 안 우는 그 언니의 언니별
저 별은 그 동생과 그 동생의 많기도 많은 언니들 감자 삶아주시는 양말 기워주시는 엄니별

저 별은 해묵은, 원한 같은 건 안 쌓이고 자꾸자꾸 해만 묵는, 묵어도 묵어도 왜 이렇게 좋은……

죽어 별이 된 것도 아닌 사람들을
죽으면 참말 별도 되겠는 사람들을
나는 별 보듯 생각이나 하고 앉았고

저 별은 나의 별, 저 별은 나의 별,
그렇게 누가 내 생각 안 해주나 별생각 다 하고

어느 봄날

올봄엔
중인리와 감수리를 오가는 시내버스를 타고
중간쯤 내리는 지점에서 돈을 벌고 있었는데요

꽃이 피어 있었어요 이렇게
기다리지도 않고 오는 봄 벌써 몇 봄인데요
그거였어요, 기다리지 않아도 필 꽃은 피고
암만 기다려도 안 필 꽃은 안 피는 길을
매일매일 오가면서도 몰랐던 거였어요

천 개의 손바닥 활짝 펴고
천 개의 손바닥마다 환한 눈 달고
벚꽃나무 그루그루 서 계셨던 거였어요

무슨 배짱으로 빌지도 않고들 사는지
휙 돌아설 수 있었으련만 여태 서 계신
천수관음 벚꽃께 비는 법 잊은 지 오랜 손바닥
쫙 펼쳐 차창 밖으로 내밀었어요, 그 눈
그 꽃눈으로 이 세상 볼 수 있게

뜬눈으로 다시 기다릴 수 있게
당신의 눈알 한 개만 내게 빼달라고, 그때

꽃잎 하늘하늘 이 세상에 내려앉는 게
비로소 보였어요 나는 볼 수 있었어요
중인리와 감수리 중간쯤에서

꽃 지던 날

울리지 않는 전화번호를 반납하고
자궁을 들어낸 여자처럼 쓸쓸해졌다

내 기다림이 혹 껄끄러웠을 기억들로부터
고스란히 뽑아온 가시들을 목에 심었다
유독 굵은 가시 하나가 쿡 박혀오자 굵은 구멍이 뚫리고
목구멍 가득 메우고 있던 것들이 출렁이기 시작했다

거기서 넘치고 흐르는 것은 좋으나,
어느 날 허방을 딛고 돌아설지도 모르는
오지 않은 발자국을 앞질러 쓸쓸해지는 것까지도 좋으나,
한 번만, 딱 한 번만 내 자궁을 돌려달라고
죽을 만큼 아픈 것은 아니었다고
생떼를 쓰며 달려들 광경까지 다 그렇다 쳐도

꽃은, 지는 순간부터 또 피어날 준비를 한다는 게
그게 문제다

유통기한

오겠다고 약속한 날까지 오지 않는 사람을
그래도 기다리는 나는
유통기한이 지난 통조림이다

유통기한이 지난 것들은 독을 품는다
헛된 약속에 대한 분노가 아니라
기다리는 동안 썩어질 줄을 알았던
자인 또는 자조의 독

그러므로 약속을 지키지 못하여
유통기한이 지난 뒤에야 기억해낸 것들은
미련 없이 버릴 일이다, 버려지는 것들의
향기롭던 한때가 그대 손끝에
오래 머무를지라도

흘러 통하는 것, 그게 어디
사람들에게서뿐이랴
꽃과 바람 파란 이파리와 빗물 따사로운
햇살과 이마 새와 나뭇가지 아, 봄날의 유통은

약속 없이도 살갑기만 하여라

내게 다시
그대를 만나고 헤어지는 날이 온다면
또 기다려야 하는 날이 온다면 나는
유통기한이 아주 긴 남은 평생쯤 되는
그 무엇이면 좋겠다

태풍주의보

문 닫아라
전속력으로 간다

너에게 상륙해야만
비로소 잠잠해질 이 소용돌이 속에서
나는 이미 만신창이다

고요한 얼굴로 너에게 닿았다가 스쳐 가자고
가는 길에 수도 없이
머리를 짓찧고 팔다리를 뜯어냈으나
소용없었다 부디
꼭꼭 잠가라

미안하다
미풍으로 너에게 가는 일
네 주위를 다만 서성이는 일
그보다 어려운 일은 없었다

처용전상서

천만에요
두 다리 옆에 싱싱한 두 팔 잘라
슬쩍 뉘어 보았는걸요
이불 속엔 철철 피 흘렸는걸요
이글이글 타는 당신 눈빛 보려고요
내 사람이니
누구도 앗을 수 없느니
부릅뜨고 나를 안아 내는지
보려고요 꼭 보려고요
무심한 당신 눈빛
슬피 달아나는 내 팔 내 손가락 장단에
덩실덩실 춤이라니요
무량한 당신 그늘에서
내가 얼마나 멀리 새 나가는지
측량도 않던 당신
이제는 나를 기워요
당신 있는 어디건 아직 떠도는
나를 불러 어서 기워야
너덜너덜한 팔다리 헤엄쳐

당신의 깊은 바다 먼저 가 있지요
이다음엔 백일하에
깊은 물속까지 다 태우고 남을 눈빛으로
그렇게 와요 꼭 와요

불혹

혹하지 말라니
무슨 그런 가혹한 말씀을
본격적으로 혹하고 말 테다
내 사랑은 서른아홉에 죽었다

잘 죽었더라면

싱싱해서 쩍쩍 벌어지는
배추를 소금에 절이다가
굵은소금 한 주먹 쥐고
배춧잎 켜켜이 골고루 뿌리다가
얼마나 지나야
소금은 물 먹고 물은 소금 먹고
배추는 소금물 먹어 숨이 잘 죽을지 생각하다가

그래, 네 생각이 났어

너하고 나하고
나는 너를 너는 나를 잘 나눠 먹고
잘 죽었더라면
그렇게 살았더라면

그랬어

고래 때문에

 고래 보러 오라고 캘리포니아에서 전화가 왔다 마흔다 된 유학생 언니 지척에서 스무 마리도 더 봤다고 시인 동생 와서 보고 시 쓰라고 나는 무슨 고래를 미국까지 가서 보나 덤덤하게 넘겼지만 마음은 쌩, 날아가고 있었다

 며칠 고래꿈만 꾸다가 큰맘 먹고 여권은 만들었는데 여행사에서 주저앉았다 소득은요? 재산은요? 남편은요? 묻길래 시원찮지요, 없지요, 없지요, 했더니 그럼 어렵겠네요

 고래 좀 보고 오겠다는데 시를 쓰겠다는데 어렵다고? 눌러앉아 살까 봐? 같이 살아달라고 고래가 싹싹 빌면 모를까, 언니 아니라 언니네 엄마가 오래도 고래 아니면 가기나 하겠어? 대청봉, 천왕봉, 금강산 일만 이천봉, 울릉도, 독도, 제주도도 아직 못 가봤는데? 안 간다, 안 가, 안 봐도 쓴다, 써

 씩씩거리다가, 지척에서 스무 마리나 참말 보고 싶다가, 비자도 없이 이 바다 저 바다 누비는 통 큰 고래가 부럽다가, 통이 크면 큰 대로 살게 냅두는 바다가 부럽다가 그런저런 생각들 술잔을 하도 채우는 통에 그날 밤 나는 내가 고래가 되어버린 줄도 몰랐다

건망증 하느님 2
－ 내 어머니의 아버지에 관한 기억

　어머니의 사랑은 끔찍했다 일주일에 한 번은 칼을 맞아도 어머니의 아버지에게 가는 날이었다 갈 때마다 무슨 서러운 이야기가 그리 많은지 눈이 퉁퉁 붓고 코가 빨개져 돌아오기 일쑤였다 아주 어렸을 적에는 나도 따라다녔는데 꽤 많은 사람들이, 나도 모르는 그 사람들이 다 아버지라고 부르는 것을 보고 어머니의 아버지는 자식도 참 많이 두셨구나 생각했다 사람들에 가려서인지 어머니의 아버지의 모습은 볼 수 없었다

　아버지는 의심이 많았다 어머니의 아버지는커녕 어머니도 믿지 않았다 나는 자느라고 어머니가 매일 새벽마다 다녀오는 것까지는 몰랐는데 한번은 뒤쫓아간 아버지에게 질질 끌려온 적이 있었다 아무리 다그쳐도 어머니는 끝끝내 어머니의 아버지만 부르짖었다 그날, 찢어지고 깨지고 다칠 수 있는 것들은 죄다 찢어지고 깨지고 다쳐 방바닥에 널브러졌다 그때 어머니의 아버지가 와서 한마디만 거들었어도 그 지경은 안 되었을 거라고, 어머니의 아버지는 깜박깜박 딸도 잊으시는 모양이라고 나는 생각했다

햇빛이 남아있는 저녁

나를 세상에 꺼내놓을 때
날개는 왜 깜빡 잊으셨나 싶어
걸핏하면 어머니 몸속으로 들어가
집 한 채를 다 뒤집어놓고 나왔다
그런 밤은 어머니도 어머니 몸속으로 들어가
뒤집힌 집을 가지런히 매만지고 나왔을 것이다

나이 들면서 날개 타령 뜸해졌으나
불쑥불쑥 어머니를 쑤셔보는 습관
버리지 못했다 급기야
도대체 어디 꼭꼭 감춰두셨냐고
샅샅이 뒤져도 깃털 하나 찾을 수 없어
금세 헐릴 것처럼 낡은 어머니
꽝꽝 대못을 박아놓고 나와버렸다

못 박혀 아픈 집, 나 태어난
그 집 허물기 위해
어머니, 수술대 위에서 긴 낮잠을 주무셨다

그만 일어나세요 어머니
좋아하시는 노을 보셔야지요

반반

세상의 절반은 늑대란다,
어머니는 귀에 못이 박히도록 말씀하셨지만
모르셨다 나의 절반이
여우라는 것

스무 살부터 늑대를 사랑하기 시작했다
심장을 쏙쏙 꺼내주던 늑대는
한 번도 죽지 않았다 간이나 쓸개였는지
심장을 넣어주는 척 내 간 쓸개를 반쯤 꺼내 갔는지

여우인 나의 절반 때문에 혹은
여우가 아닌 나의 절반 때문에
늑대는 왔다, 갔다, 어머니
왜 나를 반반으로 낳으셨나요

밤마다 나를 베어낸다 철철 넘치는 피가
문틈으로 흘러 나갈 것이다 피 묻은 소식을 듣고
늑대가 올 것이다 심장을 쏙 꺼내주고
다시는 살아나지 않을 늑대를

기다린다
기다리지 않는다

반성문

책가방 자리에 둔 채 자율학습 시간에 튀었습니다
김제 가는 직행버스를 탔습니다
새우깡 등등 한껏 사 들고 조용필과 유지인의 〈그 사랑 한이 되어〉를 보았습니다
무슨 사랑이 무슨 한이 되는지 잘 모르는 채 끝났습니다
주머니를 털어보니 차비가 모자랐습니다
뜯지 않은 과자 몇 봉지를 샀던 가게에서 사정사정 돈으로 바꿨습니다
전주 돌아오는 내내 두고 온 책가방이 무거웠습니다
잘못했습니다
다시는 이런 일 없도록 하겠습니다, 열다섯의 반성문은 그랬다

그 사랑이 왜 한이 되는지 그 사랑이 아니면 한이 되지 않는지 그 한은 어떻게 풀어야 하는지 한이 되지 않으려면 어떻게 사랑해야 하는지 아예 사랑을 하지 않으면 한이 될 일이 없는지
그때부터라도 본격적으로 생각해봤어야 했다
참 잘못했다

오늘 밤 술래

나 혼자 숨었다
나 혼자 술래였다

아침부터 분주히
옛날 사진 속으로
어젯밤 일기 속으로
가끔 가스레인지 불길 속으로
수도꼭지에서 흐르는 물길 속으로 급기야
오늘 밤 북상한다는 태풍 속으로
숨어들 궁리를 하였는데
술래인 나는 하루 종일
멍하니 창밖만 바라보고 있었다

오늘도
아무도
나의 숨바꼭질을 방해하지 않았다

끝끝내 찾지 못해도
상심도 않는 나와

아직도 나타나지 않은 내가
뿔뿔이 흩어져 저무는 밤

종신형

나의 눈과 귀와 마음이 곧
단단한 벽이고 창살이어서
나는 나로부터 한 발짝도 벗어날 수 없어

면회처럼 문득 찾아온 사랑도
나를 꺼낼 수 없어
나에게 발 디딜 수 없어
차차 발길을 끊어

창살에 꺾이고 벽에 부딪히는
햇살과 바람과 새들의 소리, 그 부스러기로만
형기를 다 채울 수는 없어

어느 세월에 나는 나를 다 살아서
나를 선처할 수 있을지
나를 사면할 수 있을지

별

아직 저장되어 있는
전화번호를 보았습니다

안 받습니다

그럴 줄 알면서
그래봤습니다

없는 번호라고 합니다

없는 게 아닌데
몇 해 전 새로 생긴 별로 이주해
다만 멀어진 것인데 말입니다

목련꽃 그늘 아래서

스무 살부터 머리칼 하얀하시던
목련꽃 그늘 아래서
슬픈 꿈만 꾸었더라

그 그늘 아래서
오지 않는 편지만 기다렸더라
부치지 못할 편지만 썼더라

목련은 해마다 수백 편의 시를 발표하고도
보란 듯 파지를 날리더라

내 머리칼도 하얀해져 돌아온
이 그늘 아래서

이제 단꿈을 꾸고 싶더라
언젠가는 부쳐질 편지 한 장
써놓고 싶더라

2부

새 1

 환쟁이 친구 놈을 따라다니며 그림을 좀 훔쳐봤는데 웃지 마라 너를 그리고 싶었다

 아, 바다 한가운데 떠 있는 섬에서 바다만 바라보고 있는 동백꽃 말이지요? 뭐 어려울 것 있겠어요 꽃은 오른쪽 가슴에 그려요 오른쪽 눈에는 해를 그리고요 햇빛 쏟아지고 사이사이 투명한 눈발 흩어지게 왼쪽 눈에는 창이 있어야 해요 창문 가득 파란 바다가 들어찬

 햇빛과 눈 바다와 꽃이라, 왼쪽 가슴에는?

 거기는 아무도 살지 않아요 아버지 같고 어머니도 같은 사람들이 가끔 두드려 보긴 했지만 어릴 적 내 식도에 걸려버린 열쇠를 아무도 찾지 못했지요 정 허전하면 새장을 그리도록 해요 보이지 않는 겹겹의, 겹겹의 새장 안에 아직 따뜻한 깃털 몽땅 뽑혀져 있는, 그 옆에 새빨간 동백 한 방울 떨어뜨려도 좋아요

새 2

  나도 잘 모르는 여자가
  나인 것처럼 내 집에 사는 동안
  나는 벽장에 틀어박혀 그림을 그리고 있었다

  비 내리는 새벽녘 맨발로 뛰쳐나가더라는
  창문 밖에 매달려 먼 산을 바라보더라는
  폭풍 몰아치는 날 와장창 유리창을 깨뜨려 조각난 유리로 머리카락을 빗어 내리더라는
  소문들이 무성해지는 동안도
  나는 벽장에 틀어박혀 그림을 그리고 있었다

  무척 아무 일 없었던 날
  나도 잘 모르는 그 여자가
  불붙은 몸으로 내 벽장에 뛰어들지만 않았더라면
  그 그림은 완성될 뻔했다, 나는 그때
  붉은 날개의 마지막 깃털을 색칠하기 위해 나를 쥐어짜고 있었다

  활활, 불길이 내 옷으로 번져오는 동안

깃털 하나로 굳을 뻔했던 마지막 나는 어느새 불꽃에 휩싸여
　벽장을 빠져나가고 있었다

집이 남은 집

 그냥 앉아 있었을 뿐이었다 밤에도 불을 못 켜는 습관 때문에 캄캄했다 창밖 일찍 돌아온 집 아직 돌아오지 않은 집 잠든 집 자다 깨어나는 집들을 바라보고 있었을 뿐이었다

 달리는 차 안에 앉아 있는 것처럼 갑자기 모든 것들이 휙휙 지나가기 시작했다 조금 전에 바라보던 집들이 지나가고 낮에 마셨던 술병들이 지나가고 어제 그제 똑같은 밤들이 지나간다 없는 풍경들이 지나간다

 나는 자꾸 작아지고 눈은 동그래지고 차멀미를 하는 것처럼 어지럽다 사람들이 지나갔다가 다시 오고 다시 간다 엄마가 울고 있다 지나간다 또 울고 있다 언니들은 길 위에 서 있다 길이 지나가니 언니들도 지나간다 아버지는 왜 한 번도 지나가지 않을까

 처음처럼 캄캄해진다 창도 없고 창밖도 없고 캄캄만 하다 집이 온몸을 조여온다 숨이 막힌다 집 밖에서 누군가 나보다 더 고통스러워하는 것 같다 아무 일 없을까 나는 지금 살아 있는 것일까

 온몸을 조이던 집이 손을 놓았는지 내가 아주아주 더 작아졌는지 편안해진다 바다 같기도 하고 하늘 같

기도 하다 불 하나 안 켜 있는데 어둡지가 않다 따뜻하다 천천히 움직이기 시작하는 집,

  이제 어디로 가지?

공

1.
도 대표 배구선수가 될 뻔했어
아이스케키를 빨며 친구들 다 돌아간 운동장
손목 빨갛게 부어오르도록 공을 받아내면
연두색 벌레 팔뚝 위로 뚝뚝 떨어지던
나무 그늘, 나도 아이스케키를
가끔 오래 빨아 먹을 수 있었어, 집이
하나도 그립지 않았던 열한 살

2.
좀 배워두실걸 그랬어요 아버지
그렇게 강한 스파이크를
네트 안으로 날리다니요
상대는 항상 네트 밖에 있다니까요
각도가 맞질 않아요
손모양도 틀렸다구요
그만그만, 제대로 하지 않으면
당신 뼈만 상할 거예요
맙소사! 아버지 그건

공이, 아니었어요……

3.
땅 위로는 반밖에 안 동그래서
엄마 무덤 공인 줄 아무도 모를 거야
손가락 끝으로 띄워주거나
손바닥으로 톡톡 두드리면
얼마나 가볍게 튀어 오르는지 모를걸
알들은 떼굴떼굴 굴러가
어느새 집을 짓고 알들을 품었어
피식피식 바람 빠진 공처럼은
이제 안 살을 거야, 울 엄마

지금은 생리 중

1.
바야흐로 눈부신 활약이 펼쳐질 참이었는데
그 흰 운동복에 빨간 얼룩이라니
엉거주춤 뒷산으로 올랐지
온 산을 쥐어뜯어 마침 한창이었던 단풍잎들을
이불처럼 말아 걸치고 뒹굴었어
가을이어서, 온몸에 이렇게 가을이 들어서
뛸 수가 없다고, 아무것도 모르는
너희들이나 뛰라고
천지가 붉어질 때까지 앉아만 있었지

2.
때가 아니면 오지 않는 것
토끼 눈이 되도록 밤마다 울어도
아랫배가 묵직해질 때까지 기다리는 동안도
날은 저물었고 저무는 통증으로
식은땀 흘리며 방바닥 굴렀지
괜찮아, 주기적이라니까
가장 깊숙이 앓은 산이

가장 먼저 훌훌 떨치고
첫눈, 그 입술 훔치는 거야

3.
가끔은 내 방을 갖고 싶었어
그런 밤은 유독 긴 잠을 자는 거야
달 속으로 파고들어, 밤새 지지 않는
사방팔방 하얀 방
동그란 고치 같은 방
다시는 놓지 않을 거라고
기다리다 보내는 일 따위 하지 않을 거라고
움켜쥔 손에 힘이 더해질수록
웅크린 하얀 자리 선명히 젖어오겠지만
봐, 저기 저 아래
달빛에 산란하는 내 허물, 투명한

봄날은 간다

　연분홍 치마아가 봄바아람에 휘나알리이더라, 고장 난 녹음기처럼 첫소절만 하루종일 웅얼거리고 다니다 밤벚꽃 앞에 섰는데 금방 뒤집어질 듯 벗어던질 듯 아슬아슬한 치마폭을 본 순간, 일 년 열두 달 기다려 망설임도 후회도 없을 것 같은 꽃잎을 본 순간, 보옴나아알은 가아안다가 왜 갑자기 튀어나오던지, 푸르딩딩한 상처로 거무튀튀한 흔적으로 천날 만날 기다릴 날들이 왜 벌써 눈앞에 아른아른하던지 가운데 토막은, 알토란 같을 이 하룻밤은, 왜 잘라먹고 마지막 소절을 향하여만 사뭇 목젖이 떨리던지, 보옴나아알은 가아안다, 보옴나아알은 가아안다, 바들바들 떨면서도 수백 수천의 연분홍 꽃잎들은 왜 그렇게 활짝활짝 벙글어만 지던지

목련꽃 피는 밤

목련나무에는 평생 목련꽃만 필까?
목련꽃은 평생 목련나무에만 필까?

목련나무는 가슴에 딴 꽃을 품고도
목련꽃을 피우는 건 아닐까?
목련꽃은 가슴에 딴 나무를 품고도
목련나무에 피는 건 아닐까?

목련꽃 몰래 목련나무한테 귓속말해야지
목련나무 몰래 목련꽃한테 귓속말해야지

비밀 꼭 지킬게
정말 가슴에 품고 있는 나무한테 가 볼래?
정말 가슴에 품고 있는 꽃 좀 피워 볼래?
밤새 아무리 속살거려도

목련나무 목련꽃
목련꽃 목련나무

사월에는

진달래 꽃잎 속에 들어갔다 온 바람은
단내 풀풀 풍기고
목련 도톰한 입술 한참 빨아 먹은 하늘은
가쁜 숨소리 흘리며 휘청거리고
연한 풀잎이랑 뒹굴던 햇빛은
풀물 든 알몸 그대로 풀밭에 누워있어도

하나도 흉 될 것 없는
사월에는

깊이 숨겨둔 너를 나도 확, 털어놓고 싶다

올여름 매미

도대체 몇 마리의 매미가
나무 꼭대기에서 울고 있었는지

나는 다만 내 마음 꼭대기에서
단 한 마리가 우는 소리를 듣고 있었다

그다음 생각할 겨를 없이
꼭대기까지 올라가는 때가 있지
올라가서는 무서워
짐승처럼 우는 때가 있지

누구 때문에 여기까지 올라왔는데
왜 없어
왜 없어 하는 허튼 생각 오락가락하는 때

옆에 없어도
있다는 것을
잊으면 안 된다고, 올여름 매미란 매미
다 몰려와 울고 있었다

왼손으로 쓰는 편지

봉숭아 꽃물 들이는 밤

열 손가락 혼자 싸매기 힘들어
오늘 밤은 오른손
내일 밤은 왼손

하룻밤 더 설렐 수 있어 좋은 밤
낼모레는 열 손가락 열 손톱 붉은 밤

오늘 밤은 삐뚤삐뚤
왼손으로 쓰는 편지

마음은 똑바로
너에게 가는 편지

복어

당신의 혀가 닿을 수 없는 곳
닿으면 한 생을 넘는 곳
무수히 내가 태어나는 곳
독은 거기 품어두었어
독한 당신 어서 와
나의 바다와
당신의 산과 꽃이 하늘 아래
그림 되는 꿈 같은 건
함부로 발설하지 마
살금살금 기어와
안전하게 발라먹고 가버린
당신을 사랑해
죽을 각오로 실컷 먹고
가다가 십 리 안에서 죽어버린
당신도 사랑해
살아 있어서
자꾸만 독이 올라
그게 나야
그게 내 복이야

안개

아무 때나 빤히
볼 수 있을 줄 알았어?

아무리 밟고 지나가도
밟혀줄 줄 알았어?

당신이 일으켜 놓은 그 바람에
몇백 개의 가지가 휘청이는지
몇천 개의 이파리가 떨리는지
몰랐다면 그만이야?

성가셔, 안 잡아

오고 싶어도 가고 싶어도
한 발 한 발 조심조심 천천히
그러라고,
마지막 경고야

지느러미의 꿈

나는 내 팔이
날개로부터 퇴화한 것이 아니라
지느러미로부터 진화한 것이라고 생각한다

삶이 가끔
땡볕만 작살로 꽂히는 썰물일 때
발바닥이라도 적시고 싶어 바다로 가는 것
다 지느러미의 습성 때문이다

누가 알겠는가
오르면 벼랑뿐인 꼭대기를 향해
세상의 꼬리께에서 꼬리만 치는
지느러미의 비애를, 그렇지만

나는 또 생각한다
바닥, 바닥, 바닥의 바닥까지 뒤집히게
그리움, 팔딱거리다 보면
지느러미로부터 뻗어 나온 팔
날개로도 진화할 수 있다는 것을

삼월에 내리는 눈

아이 아빠 눈 감고 사나흘
눈이 내린다

끝내 눈 못 뜨고
못 보고 간 아이 보고 싶어
수억만 개의 눈으로 눈으로
이 세상에 내린다

지금 학교에 있어, 아무리 일러줘도
하염없이 창밖 서성이는
그 수억만 개의 눈들을 차마
볼 수 없었다, 그 많은 눈들이

쌓이는지
흐르는지
돌아오는 아이 이마에 뺨에
녹아내리는지 어쩌는지

우리집 강아지

우리집 강아지가요
똥강아지야아, 부르면
왜애 똥개야아, 한답니다 글쎄
맞지요
똥강아지의 어미가 똥개일밖에요

그 말똥말똥한 그 또랑또랑한
우리집 강아지가요
한 번씩 뜬금없이
엄마는 언제 죽을 거야? 묻는데
아주 환장을 하겠습니다

오래오래 엄마랑 살고 싶은
엄마도 죽으면 어떡하나 무섭고 무서울

이놈의 똥강아지가
얼른얼른 똥개가 되기를 바랄밖에요

벽

어떤 울음소리는 웃음소리로 들린다

새는

새가 아니었을지도 모른다

고단한 나날들 그만 내려놓고 싶은
열리지 않는 창문을 바라보는
쏟아놓으면 모두 잃고 마는
마음들이 둥지를 떠나 훌쩍
날아오르는 순간 다만 그런 순간을
새, 라고 부르는지도 모른다

새가 때로 들판에 머무르거나
어느 집 창 안을 오래 들여다보는 것
빈 숲에서 밤새 우는 것
지우지 못한 전생의 기억 때문일지도 모른다
기다리는 어디선가 누구인가 언뜻
날개를 붙잡아 보는 것인지도 모른다

잠시 후면 또
어쩌지 못하는 어쩔 수 없는
그 많은 마음들이 파닥
파다닥 떠오르는 떠나버리는, 그 순간을

3부

꿈꾸지 않은 꿈

나는 내가 꿈꾸었던 거의 모든 것을 이루며 살아왔다

중앙시장 뒷골목에서부터 봄이면 다니게 될지 어떨지 아직은 미등록인 대학교까지 신문을 실어 나르는 새벽마다, 아침이면 덜 깬 눈 비비며 배달된 신문을 뒤적거리는 일로 하루를 시작해야지 생각했다

주민등록증을 내미는 순서대로 일자리를 건네주던 자갈치 시장 일일 파출부 알선소에 드나들던 시절, 볕 잘 드는 창 앞에 작은 탁자를 두고 내 집에 오는 누구에게건 따뜻한 차 한잔 대접해야지 생각했다

월 18만 원 밀실 같은 공장에서 납줄을 지지는 냄새로 머리가 아팠을 동안, 일없이 몇 날 며칠 하늘만 쳐다보며 뒹굴고 싶었다

나는 지금 꿈꾸지 않은 꿈을 꾼다

알 수 없는 일들만 벌어지는 세상을 아침마다 뒤적거리는 일이 고역이라거나, 기다리는 동안 찻물이 닳고 주전자를 태우는 일도 진저리가 난다거나, 하늘이

늘 맑지 않다는 것을 이제 알았기 때문이라고 말하지 않겠다, 그보다
  생전 꿈꾼 적도 없었던 일이니 이루지 못한들 내 탓이 아니라고는 말하지 않겠다

내 오래된 기타

내겐 오래된 기타가 있다

푸르고 푸른 봄날, 차오르는 강물, 아찔한 꽃냄새, 흘려도 좋은 땀방울, 넘쳐서 좋은 맑은 술잔, 지치지 않는 가난, 꼭 그런 소리로 노래했던

한때 저 때문에 굳은살이었다가 지금은 물렁해진 내 손끝이 싫고, 손끝에 길어진 게으른 손톱이 싫고, 손톱 위에 덧칠해진 덤덤한 나이가 싫어도 내색 않고

쌓인 먼지는 닦아내면 된다고, 늘어진 여섯 줄 조금씩만 당겨주면 된다고, 버려진 세월들을 이해한다고, 가버린 봄날 돌아오지 않더라도 한때 내 손끝에서 그렇게 깊은 떨림이었던 제게로 돌아와야 한다고, 차가운 겨울날에도 노래는 뜨거웁다고

등 뒤에서 끝없이 나를 조율하는
내 오래된 기타

강천사 가는 동안

안개지역,
서행하시오,
눈비 올 때
미끄럼주의,
갓길 없음,
낙석구간,
사고다발지역……

스무 살 서른 살 지나는 동안
저 흔하디흔한 팻말 하나
눈여겨보았더라면

금 밟으면 죽기

쓰라린 줄 알면서
간 쓸개 다 뭉개며
실금실금 웃고만 살았다

아주 오래전
땅바닥이 패이도록 금 긋고
패인 자리 물금을 얹으면
배고픈 저녁까지는 깨금발로도 거뜬했지만

삶은, 네모반듯한 모눈종이 위에
대고 베낄 수 없는 것이어서
금 긋는 일도 그어놓은 금 지키는 일도
만만치가 않아

어디서부터 삐뚤어졌는지
밥때 다 지나 때투성이로 돌아오면
금 밟아서 죽었던 발바닥이 쑤신다

건망증 하느님 3

					- 노을

하루 종일 맑은 눈으로
세상을 들여다보신 날이면 끝내
가슴 쥐어뜯으며 피눈물 흘리신다

날은 저물고 집으로 돌아가지 못하고 돌아갈 집이 없고 밤새 수고하고 무거운 짐 지고 아침이 오고 또 밤이 오고 수고하고 무거운 짐 질 것이 뻔한 자들을 위하여

그러한 자들 여태 길 위에 못 박아 두신
흐린 날들에 대하여

봉숭아

그 시절,
마음의 마디마디 바짝 곤두서
밤새 뒤척이던 날 네게도 있었는지
행여 딴 델랑 가지 말라고
눈길도 주지 말라고
네 마음 어디 손톱만큼은 자리를 펴고
나를 칭칭 동여매기도 했었는지
한데 묶인 네 마음도 저리고 저렸었는지
붉어진 눈으로 맞은 아침이면
네 마음의 손톱 밑 속살까지
나는 속속 스며들어 있었는지
네가 가리키는 방향마다
한눈팔지 않고 가는 내가
한동안은 흐뭇도 했었는지

이 여름 봉숭아
또 와서 붉어지건만

나는 시방 사철 한설

네 마음의 손톱만 한 그 자리
찾을 날은 있을지

생각

생각이 때로 마음을 잡아먹고
마음이 몸을 잡아먹어
시름시름 아플 때가 있다

다 큰 자식을 애기처럼 생각하시는
엄마에게 붙들려 진찰을 받았다
속이 불편하시죠? 의사가 물어도
생각한 적 없어 모르겠더니

속 편하라는 아프지 말라는
약을 먹을 때마다
속이 불편해지고 아픈 생각이 들고
정말 끙끙 앓기 시작했다

생각을 고쳐먹어야겠다

안 아프다
안 아프다
너 같은 것 하나도
안 보고 싶다

함박눈

그럴 줄 알았다

터져도 터져도 저렇게 터지는 속을 누가 말려

오죽 참았어야 낯빛이
납빛이 되었을까

응어리 응어리
평평 쏟아버리고

알지?
오늘만 울기
당분간 울지 않기

깨끗하다는 말

숭숭숭 구멍 세 개를 뚫고
자궁을 들어냈다

퇴원 전 모니터를 가리키며
의사가 말했다, 깨끗합니다
아, 아프지 않게 된다는 것
깨끗해진다는 것이었구나

그동안 종종 찾아오던 마음의 통증은
너 있던 자리에 네 일부가
심히 남아있었기 때문이었구나

이별에 대한 예의란
나는 너에게서
너는 나에게서
깨끗하게 없어져 주는 것이겠구나

그토록 아팠던
돌이킬 수 없는 흔적들을 쓰다듬어 본다

본의 아니게

본의 아니게 태어났지만
본의 아니게 산 적 없다

처음 만난 너랑
죽을 때까지 함께 살자고 약속한 것도
본의가 아니지 않았다

나를 떠나고 영영
세상을 떠나버린 너랑
그냥 살았으면 좋았을걸
엉엉 울며 붙잡아볼걸 생각한 것도
본의가 아니지는 않았을 것이다

본의 아니게
또 한 해가 밝았다

봄밤

전화벨이 울린다
망설이다 손 내밀자
툭, 끊어진다

전화를 걸어본다
받으면 어쩌나
덜컥, 끊어버린다

따지고 보면 할 말도 없다

사근사근 바람 꽃
오고 가는 소리
안 들어도 훤한 밤

메리를 찾습니다

전동성당 앞
골목만큼 오래된 건물 이 층

은행잎 펄펄 내린 지 오래
눈은 아니 내리고

사장님은
메리 찾으러 가서 안 오시고
빚쟁이들도 메리 찾느라 바쁜지 고요하고

여직원 혼자
메리는 언제 오시나
언 손 호호 부는

크리스마스이브

천하태평 골목

숯불갈비 전문점 〈천하태평〉 앞
오래된 골목이 있다

학교 갈 때마다 십 원만 십 원만 해도
십 원도 안 주는 못 주는 대신
술래잡기, 고무줄, 구슬치기, 자치기, 때로는
치고 패기 하면서 놀아주느라 삭신이 쑤셨던 골목
떼쟁이 머시매 울보 지지배 업어 재우느라
등허리가 굽은 골목 그래도 안 자고
어찌나 빽빽거렸던지 가는귀도 먹은 골목

이제는 적막한 희끗한
윷판이나 간간이 벌이는 골목

수천 개의 눈알 번뜩이는
괴물 같은 아파트에 둘러싸여 언제 먹힐지
위태롭기 짝이 없는 저녁마다

벌건 숯불에 살 익는
익다 못해 타는 냄새만 태평한 골목이 있다

노을이 지는 시간

대포차 운전하다 사고 쳤다는
경태 자리는 오늘도 비어 있었다
죽어라 공부해도 별것도 안 되는 판국에
죽어도 공부는 하기 싫은 녀석들
열받기 싫어 운동장에 풀어놓았더니
뺑뺑 공을 차고 던지고
귀를 틀어막고 노래 듣고
이 틈을 놓칠세라 바람은
녀석들 팔다리에 얹혀 더 휘젓고 다녔다
내가 아무것도 하지 않는 순간에
저토록 펄펄 나는구나 하여
나는 뒤통수가 벌게졌는데
아니었다 무심코 돌아본 하늘
녀석들이 차고 던진 공이나 받아주고
헐렁한 뱃살이나 늘어뜨리고 있을 줄 알았던
하늘이 더 벌게지고 있었다 화끈화끈
달아오르고 있었다 이놈의 세상
어떻게든 굴려보겠다고 종일 씩씩거리다
확 불이나 질러버리고 싶어

이 시간만 되면 불덩이가 되었을 하늘
담배 냄새 맨날 풍기고 다니는
은수야 라이터 좀 켜라 저 하늘 귀퉁이에
불붙여라 불 지르고
하늘땅 별땅 다 갈아엎어라 너도
나도 갈아엎어라

건전지를 들고

세 시에 멈춰
꼼짝도 않는 시계

오후 세 시였는지
새벽 세 시였는지

세 시에 대체 무슨 일 있었길래
멈춰도 흐르는 시간 속
저리 있는가

그만 잊으라고
다시 피가 돌고 심장이 뛰라고

해야 하나
말아야 하나

요새 내 마음이 수상하다

밥상도 되고 책상도 되던 낡은 상 하나가
비좁고 눅눅한 시절 끄떡없던 낮은 상 하나가
요새 자꾸 비틀거린다
납작 엎드려 살펴보니 나사들이 다
헐렁헐렁 빠지기 직전이다

내 마음대로 끌어당기고 밀어버리는 동안
긁히고 때 묻은 저것에게
얼마나 무심했으면, 더 늦었으면
밥이고 뭣이고 다 엎었을 것 아닌가

상이야, 상에서 쏟아진 것들이야
조이고 주워 담고 버리면 그만이지만
마음은 어쩌랴
한번 나사 빠지면 찾기 어려운
담을 수도 버릴 수도 없는
그 마음을 다 어쩌랴

요새 내 마음이 수상하다

어디가 얼마나 헐렁한지
보이지 않는다 보일 때까지
더 납작 엎드려 봐야 한다

내 집에 살던 벤자민
— 스물여섯 살 준향이에게

잘 키우진 못했다

물은 그럭저럭
햇빛은 사이사이
바람은 제멋대로

나에게 감기나 장염이나 아주 드물게 실연 같은 시련이라도 오는 때
 너는 시들어도 미웁지가 않은 노오란 이파리 몇 개 겨우 떨구었다

최적의 환경은 아니었으나
네 줄기는 더 뻗을 길 없고
네 뿌리는 더 깊을 길 없다
분(盆)에 넘치다

이제 가렴, 가서
이 세상 어느 햇살 어느 바람에
잠시라도 가벼웁게라도 흔들릴 때 들으렴

연하디연한 연두일 때부터 내가 바라보며 켜켜이 속삭여 둔 말

너로 인해 좋았다,
씩씩하게도 굳게도 푸르게도 네가 살아
내가 살았다는
그 말

4부

참 푸른 바다

쌍으로 터지는 울음소리에
어미 가슴 두 배로 내려앉았네
스무 살 흰 살로 시집와
내리 네년 우는 동안 까매진 속살
두 배로 까매졌네
도끼를 휘두르던 할아비는 어이
도끼를 내려놓았네
쌍으로 울고 웃는
보다 보다 처음 보는 쌍년
어미는 잠시 도끼를 잊었네
뱃속에서 손 꼭 잡고 내통하던
쌍년의 속 몰라줘도 좋았네

쌍년,
어미를 부르는 아비에게서
아, 다르고 야, 다른 걸 배웠네
할아비가 내려놓은 도끼
아비가 집어 드는 걸 보았네
속 까만 어미 흰 살 위로

푸른 꽃 피는 걸 보았네
싱싱하게 펄떡이는 도끼가
어미 몸에 바닷물 들이는 걸 보았네

쌍년은 지천이었네
세상은 참 푸른 바다였네
도끼들은 바닷가에서 술잔을 부딪치고
노래를 불렀네 노래가 시들면
도끼날을 갈았네 날이 반짝이면
몇몇 바다는 첨벙첨벙
깊이 잠겼네
아주 잠겼네

한 젊은 도끼가 손 내민 적 있었네
눈 감고 그 손 잡았네
감은 눈 속 찰찰 바다가 걸어왔네
눈 더욱 감고
산란의 꿈을 꾸었네
햇살을 덮고 누운 수면처럼
빛나는 꿈이었네

잠잠한 도끼 한 번만 뒤척이면
산산조각날 물햇살의 꿈

바다 든 몸을 끌고 바다로 갔네
손 꼭 잡고 떨던 뱃속 그 한 바다가
먼저 와 기다리고 있었네
아주 잠기고 싶었네
아주 잠겨 꿀꺽
도끼를 삼켜버리고 싶었네

오지 말라고 오지 말라고
어미 속살 찢는 소리
해일처럼 밀려오고 있었네

끝나지 않은 옛날이야기

옛날, 지하국에 살던 아귀라는 괴물이 쳐들어왔다고 한다 안방에 들어앉아 꿈쩍 않는 무시무시한 아귀를 쫓아달라고 호소할 데도 없었다고 한다 아귀 떼 창궐하던, 집집마다 제 집 아귀 몰아낼 궁리로 전전긍긍하던 그 시절

아귀에게 대항하다 목숨 잃은 사람들 산으로 강으로 떠돌며 실실 웃는 사람들 한둘 아니라는 소문이 흉흉했다 이놈의 아귀, 이놈의 아귀, 아버지는 주먹을 휘둘렀다 아무리 눈을 크게 뜨고 보아도 아귀는 보이지 않고 맥없는 어머니가 살림살이가 휘청휘청 쓰러지고 넘어지고 하는 것만 내 눈에는 보였다 아귀랑, 없어질 만하면 새로 생기는 어머니의 푸른 멍이랑 무슨 상관이 있는지 알 수 없었다

한 번도 본 적 없는 바다를 볼 수 있다는 수학여행 포기해야 했을 때 이놈의 아귀, 나도 처음으로 마음속 허공에 주먹을 휘둘러보았다 그 후 내 주먹질은 종종 마음 밖으로도 뛰쳐나갔을 것이고 그때마다 내 마음 밖

풍경들은 맥없이 쓰러지고 넘어지고 하였을 것이다

 그 옛날 옛날이야기가 끝난 게 아니라고 한다 발 뻗고 누웠다 일어나 밥 먹는 지금도 내가 모르는, 모르는 척하는 어느 먼 가까운 곳에서 아귀는 날름날름 아이들을 잡아먹고 있다고 한다 뼈가 앙상한 아이들을 골라 먹고 있다고 한다

바다가 보이기 시작했을 때

바다에 빠진 것이라고 하였으나
나는 믿지 않았다
집 한 채 다 가라앉도록 믿지 않았으나
불현듯 헤엄치는 법을 모른다는 생각이 들자
바다가 보이기 시작했다
바다만 보이기 시작했다

어머니는 숟가락을 드리워
나를 길어 올리려 하였으나
아무것도 붙잡을 수 없었다
염려 마시라고
바다 안팎이 다 한 세상 아니냐고
울지 마시라고
달싹거리는 입술을 바다가 막는다

바다에서는 다 놓아야 산다

지붕을 밟고 간신히 살아남은
햇살, 햇살 아래

비린내 자욱했던 생, 잘 뒤집어 널어야겠다는
축축한 이 생각까지를 어서 놓아야

이력서를 쓰다가

　할인매장 식품부 폐장 전 십 분간
　반짝세일 하는 생선이고 싶다
　부리나케 채가는 장바구니에 담기고 싶다

　한 번도 털어놓지 못한 속 토막토막 수도꼭지에 들이대고 콸콸 쏟아내다가
　딴 세상에 살다 온 채소들이랑 갖은양념 자글자글 한판 얼크러지겠지
　세상 밖으로 튀어 오르고 싶어 몸부림쳤지만 아주 버릴 맘은 없었노라 푸른 물결무늬 쓰윽, 문질러 보이며
　뜨거운 불꽃 눈을 찌르면 죽는시늉도 하겠지
　녹작녹작 뼈 짓이기며 뜸 들 때쯤이면 다시는 헤엄쳐 갈 수 없는 세상, 그제서야 슬쩍 내려놓을라나

　걸진 입속 오래오래 씹힐 줄 몰랐다고
　죽어서도 입 다물지 못하는 뜨끈뜨끈한 똥의 이력이야
　장바구니 든 손, 알 턱이 없겠지마는

그 바다에 노을이 지다

두 번째 그 바다에 갔을 때
바다는
잘 익은 천도를 한 입, 마악 베어 먹고 있었다

왜 벌써 왔느냐고
그만큼밖에 참지 못하겠더냐고
묻지도 않은 바다에게 고개를 저어 주었지만
바다보다 큰 소리로 가슴 펄떡, 뛰는 소리를
바다는 들었을 것이다
빨갛게 물든 입 언저리를 쓰윽, 문지르면서

다시 고개를 흔들어 주었다
흔들리는 건 모두 바다에 모인 것처럼
온 세상이 커다란 바람으로 출렁 흔들렸다
어쩌면 바다는 제가 베어 먹던 그 붉은 것이 반짝,
내 눈에 맺히는 것을 보았을지도 모른다
무슨 짐작을 했는지 바다가
얼굴을 붉힌다

사실은
사실은 바다야……

그저 보고 싶었노라고
한 번만, 다시, 보고 나면
그저 살 수 있을 것 같았노라고 말을
꺼내기도 전에 마지막 삼키려던 그 한 입을
고스란히 붉게 또 푸르게 울컥
바다가, 토해 내고 있었다

하룻밤 대천

바닷가에는 방도 많은데 바다는 노상 노숙이다
나는 웃는 낯으로 온 적 없지만
바다도 마찬가지다
굵게 주름진 이마 가래 끓는 목소리
찬바람 뒤집어쓴 꼬락서니가 한 수 위다

어쩌다 여기까지 흘러왔는지
막술에 생살 뜯는 자리에서도 곧잘
뒷전으로 물러나 있었지만
세상 어느 바람보다 깊은 한숨을 뱉을 때면
만만찮았던 세월 알 것도 같은데

갈 길 아직 멀었다고
사는 동안은 머무르지 않을 바다

춥다거나 외롭다거나
그런 등 따순 생각에 떠밀려 온 하룻밤
바다 훤히 보이는 방에 누워
이불 한 채 내주지 못하는 나와

나를 원망할 생각도 없는
바다와 바다의 등을 부둥켜안은 별들과

어머니의 십팔 번

어머니의 십팔 번은 똥값이다

그 여름 하굣길
초록색 아무리 칠해도 본색을 드러내던
양철대문 열었을 때
당장 비우라고 방바닥
함부로 밟던 집주인 흙 묻은 신발
끝내 못 벗기고 쫓겨 나온 어머니
어느 날 똥값 내놓으라고
퍼질러놓고 어딜 그냥 가냐고
길 한복판에서 침 세례 받았다는

그 집, 그 양철대문 바로 안쪽
퍼내도 퍼내도 잘도 차던
똥간 향해 절하고 싶다

구린내 물려주지 않기 위해
고단하게 늙으신 어머니의 그 노래
오래오래 듣게 해달라고

팁

고깃집 가서 고기 먹는 날
뒤집고 잘라주는 집게 가위 든 손을 보면
고기가 질겨진다

줄무늬 블라우스 곤색 치마 조끼
집게 가위 뺄뺄 놀리던 날
이천 원 오천 원 팁 받으면
꺼져가는 숯불 앞에서 남몰래 가슴 데이고
고기 내 절은 이불 속 밤새 훌쩍이던 날들
한 달 모아가면 어머니
며칠쯤 날품 걸러도 좋았던
스무 살 그날들에게

고깃집에 앉아 구워주는 고기 먹는
오늘, 과분한 팁만 같아서

장마

스무 살에 첫딸 낳으시고
내리 줄줄 여섯 딸 보신 어머니
어언 민둥산이 되었지
울긋불긋 꽃들도 피워보았을
산새처럼 숨어 울기도 하였을
울울창창 그 푸른 가슴을
서슴없이 뚝뚝 베어주셨지
베어낸 자리 아물었는지 곪아 터졌는지
아랑곳없이 나는 뚝딱뚝딱
내 삶을 짓기에 급급했었고

장마는
이제 시작이라는데

일찍이 어머니 청청한 가슴으로
기둥을 세우고 지붕을 얹은 나는
이 비에 쓸리지는 않겠지만
지금은 상처만 붉으신
빗물 막을 아무것도 남겨두지 않으신

어머니는,
사태가 나지는 않으실지

빨래집게

행여 날아갈까
손 못 펴셨다
축축할까 때 탈까
보따리 쌌다 풀었다 쌌다 풀었다
끝끝내 꼭 쥐신 그 손에
뽀송뽀송하니 뽀얀하니 큰 나는
뒤도 안 돌아보고 떠나왔다

빨랫줄에 바람 부는데
없는 빨래 꼭 잡고 흔들리시는
오래된, 오래지 않아 사라질

누구, 사월이 눈에 가득한
저 소녀를 도와줘

순자 씨, 밥 먹어
순자 씨, 밥 먹고 바로 자면 안 돼 일어나
아니 순자 씨, 저녁 약을 아침에 먹으면 어떡해
순자 씨, 제발 샴푸 좀 냉장고에 넣지 마
순자 씨, 그건 분리수거라니까! 순자 씨, 순자 씨,
순자 씨라고 누가 불러준 적 없어 마냥 좋은지
예, 아니면 내가 안 그랬어, 대답은 잘하는 순자 씨

그거 그 노랗고 기드란 거 있잖어
그거 그 얼굴 씻을 때 쓰는 거
그거 그 여기 아플 때 붙이는 거
그거 그 이렇게 막 날아다니는 거 무는 거 뿌리는 거
그거 그 그러니까 그거 어딨어를 입에 달고 사는데
바나나? 비누? 파스? 모기약? 맨날 알려줘도 맨날
모르는 순자 씨

  앉은 자리에서 삼천포를 하루에도 수십 번 왕래하는
순자 씨
  그느느라 곤한지 안 깨우면 아침이고 낮이고 두 시

간이고 세 시간이고 자는 순자 씨
  그래 놓고 등짝이 아퍼서, 배가 땅땅해서 한사코 잠은 안 잤다는 순자 씨

  내 나이 스무 살 언저리 사월의 오후
  듣고는 그 길로 집 나와 아직 돌아가는 중인 노래
  〈The Girl With April In Her Eyes〉를 틀어놓으면
  대체 그 꼬부랑 노래가 뭐라고 하는지 어떻게 알아서
  나는 왜 저런 노래가 없었으까
  나는 왜 저런 노래가 없었으까
  문지방에 서서 눈물 뚝뚝 흘리는 순자 씨

  나를 엄마라고 부르는 우리 순자 씨를 누가 좀!

백일홍

기다리다 못해
부음을 기다린다

아무리 살아도
만날 수 없어

나도 없어져
만날 수 없는 시간마저
자꾸 없어져

네가 울며 말했던
내가 울며 끄덕인

거기서 어서
나를 불러 달라고

우리 다시 만날 수 있다면

우리 다시 만날 수 있다면
아주 늦게 만났으면 해

하루 중 가장 늦은 밤
오늘은 헤어지는 일 없게

한 해 중 가장 저문 날
올해는 헤어지는 일 없게

아니 아니,
이 세상과 저 세상의 갈림길에서
살아있는 동안은
헤어지는 일 아주 없게

아버지의 어항

아버지에게는 어항이 있었네
어항 속에는 작은 일곱 마리 물고기가 살았네
낚싯대를 들고 아버지는 떠났네

낯선 신발들이 와 어항을 던졌네
산산조각 깨진 세상
작은 일곱 마리 물고기 눈 속에 박혔네

몇 마리의 물고기는 내장이 드러나도록
몸뚱이 긁히며 바다로 갔네
어느 물고기는 새가 되어 날아가 버렸네
어느 물고기는 몽둥이가 되어 모든 어항들을 박살
내려 했네
어느 물고기는 엉엉 울다 배가 고파
야금야금 제 살 다 뜯어 먹어 버렸네
막내 물고기는 모래성을 쌓을 때처럼
무덤의 흙 다독거리며 노래 부르기 시작했네

빈 낚싯대를 들고 아버지 돌아왔다지

깨진 어항 조각조각 끼워 맞추었다지
아무도 없는 빈 어항이 무서워
그만 어항 속으로 들어가
한 번도 낚아 보지 못한 커다란 물고기가 되었다지

바다로 간 몇 마리의 물고기는
열쇠를 던져 버렸네
새가 된 물고기는 열쇠를 삼켜 버렸네
몽둥이가 된 물고기는
겨우 끼워 맞춘 어항 다시 부숴 버릴까
돌아가지 못하고
무덤 속에 사는 물고기는 아직도
배고파, 배고파, 울기만 하고
아버지의 어항에는 아버지 혼자 웅크리고 있었네

새가 된 물고기는 날다가
날개가 아파 무덤가에 앉았네
무덤 속에서 오래전 어항 냄새가 나고
살 속에 숨어있는 비늘 냄새가 나고
잊지 못한 목소리가 쿨럭쿨럭 무덤을 들썩였네

꿈틀거리는 열쇠를 밀어 넣고
날았네, 날았네

바다로 간 몇 마리 물고기는
한 번씩 뭍으로 나와
아버지의 어항 돌아가는 길
이제는 가물가물해진 그 세상
곰곰 생각했네
새 한 마리 날아와 잠시 머물다 날아갔네

몽둥이 휘둘렀던 물고기는
휘둘릴 때마다 깨지는 또 한 세상 볼 때마다
눈 속에 박힌 상처가 아파
허리를 꺾고 썩기 시작했네
썩어 가는 몸 위로 천천히, 아주 천천히
비늘이 돋기 시작했네
눈 속 상처에 세상이 고여 들기 시작했네

빈 어항에서 아버지
노랫소리를 들었네

작은 일곱 마리 물고기가 예쁘지 않나요,
더 큰 세상 달라고 보챈 적도 없는데
무엇을 낚기 위해 떠나갔나요,
작은 일곱 마리 물고기가 헤엄치는
그 작고 투명한 어항이 예쁘지 않나요……

아버지 조용히 따라 불렀네
어항 속 세상 조용히 출렁였네
혼자 남은 아버지의 어항은 캄캄했네

눈이 내렸네
울다 잠든 무덤 위에
지친 새의 날개 위에
먼바다 위에
세상을 떠도는 노래 위에
빈 어항 위에
눈이 내렸네, 눈이 내렸네
세상은 커다란 하얀 어항이었네

어느 날, 내게로 와준 시인

권미란

  스물아홉에 처음 본 시인의 모습, 짧은 커트 머리에 빨간 뿔테 안경. 강렬한 인상과는 달리 나에게는 한없이 너그럽고 따뜻한 사람. 이제는 세월이 흘러 희끗희끗한 머리칼이 별처럼 빛나고 있다.

  올해 들어, 간간이 시집 이야기는 있었지만……. 슬며시 "시집 낼 건데 한마디 써 줄래?" 그냥 시도 아니고 시집이라는 말에 그토록 가슴이 두근거릴 수가 없었다. "이런 글은 아무나 쓰는 게 아닌데"라고 말했더니, 시인은 바로 "아무나가 아니니까" 그 말에 겁도 없이 "알았다고" 글이라고는 고작 석사 논문 한 편 쓴 것이 전부인 내가 어떻게 쓰지. 눈앞이 캄캄했다. 시인과 내가 다른 것 같아도 묘하게 통했던 것은 한결같은 솔직함이었지. 그런 심정으로 용기를 내어 진심을 담아 보리라.

  시인은 적어도 내가 알기로만 이십오 년 가까이 한 순간도 시를 생각하지 않은 때가 없었다. 그렇게 써 내려간 수많은 시들을 꽁꽁 숨겨놓고, 그 시들이 세상의 빛을 못 보면 어쩌나 하는 기우를 했다. 시인이 여름내 정리해 보내준 시들을 보면서 가슴 한켠이 아려왔다. 마치 내 인생을 정리해 주는 느낌이랄까.

1

시인의 상처는 깊고 푸르다. 아득한 시간, 고통인 줄도 모르고 견뎌냈을 세월.

시인의, 삶의 역사는 엄마 뱃속에서부터 싹텄을 것이다. 아니 아버지의 아버지 이전으로 거슬러 올라가야 한다. 그 아픔은 가부장제도 하에서 여성이 겪어야 하는 말도 안 되는 오래된 관습에서 비롯된 것이다.

> 쌍으로 터지는 울음소리에 / 어미 가슴 두 배로 내려앉았네
> 스무 살 흰 살로 시집와 / 내리 네년 우는 동안 까매진 속살
> 두 배로 까매졌네 / 도끼를 휘두르던 할아비는 어이
> 도끼를 내려놓았네 / 쌍으로 울고 웃는
> 보다 보다 처음 보는 쌍년 / 어미는 잠시 도끼를 잊었네
> 뱃속에서 손 꼭 잡고 내통하던 / 쌍년의 속 몰라줘도 좋았네

(중략)

바다 든 몸을 끌고 바다로 갔네
손 꼭 잡고 떨던 뱃속 그 한 바다가
먼저 와 기다리고 있었네 / 아주 잠기고 싶었네
아주 잠겨 꿀꺽 / 도끼를 삼켜버리고 싶었네

〈참 푸른 바다〉 일부

    스무 살 어머니는 꽃다운 나이에 시집와서 내리 딸만 넷을 낳고, 그것도 모자라 딸 쌍둥이까지. 기가 막힐 노릇이다. 남아선호사상으로 인한 희생양은 어머니 대에서 끝나지 않고 고스란히 여섯 딸들로 이어진다. "속 까만 어미 흰 살 위로 / 푸른 꽃 피는 걸 보았네" 엄마의 출산에서 시작되는 고통은 세상을 온통 '참 푸른 바다'로 만들어 버렸다. 그런데도 시인은 그런 바다를 그 누구보다 그리워한다. 바다가 무서운 존재인 줄 알면서도 한없이 회귀하려는 본능을 떨쳐버리지 못한다.

두 번째 그 바다에 갔을 때 / 바다는
잘 익은 천도를 한 입, 마악 베어 먹고 있었다
(중략)
다시 고개를 흔들어 주었다 / 흔들리는 건 모두 바다에 모인 것처럼
온 세상이 커다란 바람으로 출렁 흔들렸다

어쩌면 바다는 제가 베어 먹던 그 붉은 것이 반짝,
내 눈에 맺히는 것을 보았을지도 모른다
무슨 짐작을 했는지 바다가 / 얼굴을 붉힌다

(중략)

그저 보고 싶었노라고 / 한 번만, 다시, 보고 나면
그저 살 수 있을 것 같았노라고 말을
꺼내기도 전에 마지막 삼키려던 그 한 입을
고스란히 붉게 또 푸르게 울컥 / 바다가, 토해 내고
있었다

〈그 바다에 노을이 지다〉 일부

시인의 상처는 아름답다. 이 시에서는 피맺힌 '한'을 바다가 토해낸 붉은 노을로 승화시켜 표현했다. 그는 고통스러웠지만 아름다움이 스며 있는 삶이었음을 여실히 보여준다.

그의 시에는 생명의 근원인 '어머니 순자 씨'가 자주 등장한다.

어머니의 사랑은 끔찍했다 일주일에 한 번은 칼을 맞아도 어머니의 아버지에게 가는 날이었다 갈 때마다 무슨 서러운 이야기가 그리 많은지 눈이 퉁퉁 붓고 코가 빨개져 돌아오기 일쑤였다

(중략)

그날, 찢어지고 깨지고 다칠 수 있는 것들은 죄다 찢어지고 깨지고 다쳐 방바닥에 널브러졌다 그때 어머니의 아버지가 와서 한마디만 거들었어도 그 지경은 안 되었을 거라고, 어머니의 아버지는 깜박깜박 딸도 잊으시는 모양이라고 나는 생각했다

<건망증 하느님 2> 일부

 시인의 어머니는 자식들만큼은 기죽이지 않으려고, 비록 가난했지만 따뜻한 정을 무궁무진하게 퍼주었을 것이다. 자식들에게 '한'을 남겨주지 않으려고 얼마나 모진 마음으로 사셨을까. 가난, 폭력으로부터 자식들을 보호하기 위해 수없이 참고 견디면서, 가슴을 쥐어뜯고 피눈물을 흘리셨을 것이다.

  아무리 눈을 크게 뜨고 보아도 아귀는 보이지 않고 맥없는 어머니가 살림살이가 휘청휘청 쓰러지고 넘어지고 하는 것만 내 눈에는 보였다 아귀랑, 없어질 만하면 새로 생기는 어머니의 푸른 멍이랑 무슨 상관이 있는지 알 수 없었다

<끝나지 않은 옛날이야기> 일부

 시인은 좀처럼 가족 이야기를 입 밖으로 끄집어내는 일이 드문데, 한 번씩 무심코 툭툭 던지는 말들이 심상

치 않았다. 그에게는, 물론 전쟁으로 빚어진 가족사와 비교하기에는 무리가 있겠지만, 《한씨연대기》를 방불케 하는 쉽게 꺼내기 어려운 가슴 아픈 가족사가 있다. 특히 아버지는 '금기어'와도 같은 존재일 텐데, 다음 시는 그의 이야기를 대담하게 풀어내고 있다.

> 아버지에게는 어항이 있었네
> 어항 속에는 작은 일곱 마리 물고기가 살았네
> 낚싯대를 들고 아버지는 떠났네
> (중략)
> 새가 된 물고기는 날다가 / 날개가 아파 무덤가에 앉았네
> 무덤 속에서 오래전 어항 냄새가 나고
> 살 속에 숨어있는 비늘 냄새가 나고
> 잊지 못한 목소리가 쿨럭쿨럭 무덤을 들썩였네
> 꿈틀거리는 열쇠를 밀어 넣고 / 날았네, 날았네
> (중략)
> 눈이 내렸네 / 울다 잠든 무덤 위에
> 지친 새의 날개 위에
> 먼바다 위에 / 세상을 떠도는 노래 위에
> 빈 어항 위에 / 눈이 내렸네, 눈이 내렸네
> 세상은 커다란 하얀 어항이었네
>
> 〈아버지의 어항〉 일부

이렇게 엄청난 가족사를 시적 장치 하나로 완벽하게 담아냈다는 점은, 시인의 탁월한 서사적 감수성을 엿볼 수 있게 해준다. '깨진 어항 조각이 눈에 박혀' 바다로 나온 물고기는 새가 되어 날아가기도 하고, 열쇠를 던져버리기도 하고, 열쇠를 삼켜버리기도 한다. 몽둥이가 된 물고기는 다시 어항을 부숴버리려고 한다. 그러나 이렇게 아픈 상처 속에서도 끊임없이 희망을 노래한다. 마지막 연에서 그 희망을 다 보여주고 있다. "지친 새의 날개 위에", "세상을 떠도는 노래 위에" 눈이 내려 세상을 커다란 하얀 어항으로 만든다. 그는 하얀 눈으로 분노, 원망, 상처 따위를 씻어버린다. 이는 용서이며, 화해를 의미하며, 종교와도 같은 거룩한 마음이다.

2

시인의 시에는 바다와 함께 새가 자주 등장한다.

바다는 그가 좋아하는 대상이기도 하지만, 사실은 바다가 무서워서 도망치고 싶지만 그럴 수 없어 그 주변을 맴돌고 있는 것이다. 시인은 새가 되고 싶었는지 모른다.

나는 내 팔이 / 날개로부터 퇴화한 것이 아니라

　지느러미로부터 진화한 것이라고 생각한다

　(중략)

　나는 또 생각한다 / 바닥, 바닥, 바닥의 바닥까지 뒤집히게

　그리움, 팔딱거리다 보면 / 지느러미로부터 뻗어 나온 팔

　날개로도 진화할 수 있다는 것을

〈지느러미의 꿈〉 일부

　이 시는 묘한 상상력을 자극한다. 화자는 자신의 태생에 대한 의문을 풀기 위해 "바닥의 바닥까지 뒤집히게" 몸부림친다. 그러나 끝없이 바다를 그리워하면서도, 새가 되어 날고 싶은 욕망을 떨치지 못한다.

　고단한 나날들 그만 내려놓고 싶은 / 열리지 않는 창문을 바라보는

　쏟아놓으면 모두 잃고 마는 / 마음들이 둥지를 떠나 훌쩍

　날아오르는 순간 다만 그런 순간을

　새, 라고 부르는지도 모른다

〈새는〉 일부

그는 고통의 순간에서 벗어나고 싶을 때, 새가 되어 날고 싶어 한다. 인간은 비극적이고 결핍의 상태가 심화될수록 행복한 세상을 꿈꾼다. 동경은 결핍을 거쳐 드러나고, 사랑은 한을 통해서 만들어진다.

> 나도 잘 모르는 여자가 / 나인 것처럼 내 집에 사는 동안
> 나는 벽장에 틀어박혀 그림을 그리고 있었다
> (중략)
> 무척 아무 일 없었던 날 / 나도 잘 모르는 그 여자가
> 불붙은 몸으로 내 벽장에 뛰어들지만 않았더라면
> 그 그림은 완성될 뻔했다, 나는 그때
> 붉은 날개의 마지막 깃털을 색칠하기 위해 나를 쥐어짜고 있었다 //
> 활활, 불길이 내 옷으로 번져오는 동안
> 깃털 하나로 굳을 뻔했던 마지막 나는 어느새 불꽃에 휩싸여
> 벽장을 빠져나가고 있었다
>
> <새 2> 일부

아무 일도 없어야 하지만 일은 벌어지고 있다. 붉은색 물감으로 그린 새, 피를 흘려야 그릴 수 있는 새, 마지막 깃털이 완성됐다면 새가 되어 날아가 버렸을 것

이다. 그랬다면 아마 그는 죽었을지도 모른다. 이 시는 예술혼을 불태우는《광화사》, 소름 끼칠 정도로 충동적인 예술 행위를 떠오르게 하는 대목이다. 또한 먹물이 튀어 그림의 눈동자에 찍히는 화룡점정을 보는 듯하다. 예술을 위해서는 도덕적 규범도 깨뜨릴 수 있다는 강렬함을 전달한다.

> 환쟁이 친구 놈을 따라다니며 그림을 좀 훔쳐봤는데 웃지 마라 너를 그리고 싶었다 //
>
> 아, 바다 한가운데 떠 있는 섬에서 바다만 바라보고 있는 동백꽃 말이지요? 뭐 어려울 것 있겠어요 꽃은 오른쪽 가슴에 그려요 오른쪽 눈에는 해를 그리고요 햇빛 쏟아지고 사이사이 투명한 눈발 흩어지게 왼쪽 눈에는 창이 있어야 해요 창문 가득 파란 바다가 들어찬
>
> (중략)
>
> 보이지 않는 겹겹의, 겹겹의 새장 안에 아직 따뜻한 깃털 몽땅 뽑혀져 있는, 그 옆에 새빨간 동백 한 방울 떨어뜨려도 좋아요
>
> 〈새 1〉 일부

이 시도 〈새 2〉와 마찬가지로 숨죽이며 읽어 내려가게 만든다. 새장에 피 한 방울을 "새빨간 동백 한 방울" 떨어뜨려 달라고, 새빨간 피를 동백꽃으로 신비롭

고 아름답게 피워낸다. 시인은 자신을 새에 비유한다. '새'는 불길함을 보여준다. 이는 어떤 의미인가? 비록 날아오르지 못했지만, 날지 못했기 때문에 그가 살아남을 수 있었던 것이다.

  시인의 풀리지 않는 수많은 매듭들은 시가 아니었다면 어떻게 풀었을까. 이쯤 되면 시인은 살기 위해 시를 쓸 수밖에 없었다는 것을 알 수 있다. 그가 미치지 않고서는 시를 쓸 수 없었겠구나 하는 생각이 든다. 혹독하게 '시앓이'를 하지 않았다면 '죽음'의 터널에서 빠져나오지 못했을 것이다.

> 아직 저장되어 있는 / 전화번호를 보았습니다
> (중략)
> 없는 번호라고 합니다 //
> 없는 게 아닌데 / 몇 해 전 새로 생긴 별로 이주해
> 다만 멀어진 것인데 말입니다
>
> 〈별〉 일부

  시인에게는 이런저런 이별의 아픔이 있었다. 그러나 그들은 없는 게 아니라 다만 멀어진 별들일 뿐이다. 그의 곁 어딘가에서 영원히 빛나고 있을 것이다.

3

　시인은 독자를 '울렸다, 웃겼다' 하는 묘한 재주를 갖고 있다. 이는 그의 뛰어난 언어 구사 능력에서 찾을 수 있다.

　　저 별은 수업료 미납 이름 불리기 싫어 상관면 신리 조약돌 줍는 땡땡이 동생별
　　(중략)
　　저 별은 그 동생과 그 동생의 많기도 많은 언니들 감자 삶아주시는 양말 기워주시는 엄니별
　　(중략)
　　죽어 별이 된 것도 아닌 사람들을 / 죽으면 참말 별도 되겠는 사람들을
　　나는 별 보듯 생각이나 하고 앉았고 //
　　저 별은 나의 별, 저 별은 나의 별,
　　그렇게 누가 내 생각 안 해주나 별생각 다 하고

〈별 생각〉 일부

　별을 사랑하는 화자는 별을 보며, '별 생각'도 하고, 엄마 생각, 언니, 동생, 아들 생각, 사랑하는 사람 생각 등등, '별별 생각' 다 하고 있다. 다음 시도 언어의 유희가 돋보이는 작품이다.

당신의 혀가 닿을 수 없는 곳 / 닿으면 한 생을 넘는 곳
무수히 내가 태어나는 곳 / 독은 거기 품어두었어
(중략)
죽을 각오로 실컷 먹고 / 가다가 십 리 안에서 죽어버린
당신도 사랑해 / 살아 있어서 / 자꾸만 독이 올라
그게 나야 / 그게 내 복이야

〈복어〉 일부

이 시는 독을 품은 복어를 먹고 죽어도 "내 복이야"라고 말한다. 사랑을 품으면 죽어도 행복일 것이다. 이런 반어적인 상황은 그의 시의 곳곳에 나타나 있다.

책가방 자리에 둔 채 자율학습 시간에 튀었습니다
김제 가는 직행버스를 탔습니다 / 새우깡 등등 한껏 사 들고 조용필과 유지인의 〈그 사랑 한이 되어〉를 보았습니다
(중략)
잘못했습니다
다시는 이런 일 없도록 하겠습니다, 열다섯의 반성문은 그랬다 //
그 사랑이 왜 한이 되는지 그 사랑이 아니면 한이 되지 않는지 그 한은 어떻게 풀어야 하는지 한이 되지 않으려면 어떻게 사랑해야 하는지 아예 사랑을 하지 않

으면 한이 될 일이 없는지 / 그때부터라도 본격적으로
생각해봤어야 했다 / 참 잘못했다

〈반성문〉 일부

이 시는 누구나 학창 시절에 한 번쯤 있었을 법한 추억을 떠오르게 한다. 그때는 쓰고 싶지 않았겠지만 반강제로 써야만 하는 반성문이었을 것이다. 하지만 이제는 시인의 반성문처럼 멋진 반성문 한 번쯤 꼭 써보고 싶은 생각이 든다.

싱싱해서 쩍쩍 벌어지는 / 배추를 소금에 절이다가
(중략)
소금은 물 먹고 물은 소금 먹고
배추는 소금물 먹어 숨이 잘 죽을지 생각하다가 //
그래, 네 생각이 났어 //
너하고 나하고 / 나는 너를 너는 나를 잘 나눠 먹고
잘 죽었더라면 / 그렇게 살았더라면

〈잘 죽었더라면〉 일부

"배추를 소금에 절이다가" 문득 너를 생각하고, '잘 죽었더라면' 아니 '잘 살았더라면'이라는 모순의 상황에 빠진다. 이렇듯 일상생활에서 문득문득 떠오르는 기발한 발상은 여러 장면에서 등장한다. 한편 독자를

사로잡는 또 하나의 힘은 단연코 역설의 미학에서 찾을 수 있다.

> 세상의 절반은 늑대란다,
> 어머니는 귀에 못이 박히도록 말씀하셨지만
> 모르셨다 나의 절반이 / 여우라는 것
> (중략)
> 여우인 나의 절반 때문에 혹은 / 여우가 아닌 나의 절반 때문에
> 늑대는 왔다, 갔다, 어머니 / 왜 나를 반반으로 낳으셨나요
> (중략)
> 기다린다 / 기다리지 않는다
>
> 〈반반〉 일부

화자는 '심장을 빼주는 척'하는 늑대에게 속지 말라는 어머니의 당부에도 사랑을 시작해 버렸다. 여우인 나의 절반 때문에 늑대가 왔다가 가버렸을 수도 있고, 여우가 아닌 나의 절반 때문에 늑대가 왔다 갔다 헷갈릴 수도 있겠다. 이 대목에서 언어의 유희와 역설을 어떻게 동시에 떠올렸을지, 시인은 마치 언어의 연금술사와 같다.

나의 눈과 귀와 마음이 곧 / 단단한 벽이고 창살이어서
　　나는 나로부터 한 발짝도 벗어날 수 없어

　　(중략)

　　창살에 꺾이고 벽에 부딪히는
　　햇살과 바람과 새들의 소리, 그 부스러기로만
　　형기를 다 채울 수는 없어 //
　　어느 세월에 나는 나를 다 살아서 / 나를 선처할 수 있을지
　　나를 사면할 수 있을지

〈종신형〉 일부

　살아서는 최고의 형량인 '종신형'. 시인은 무지막지한 제목과 달리, 죽을 때까지 여기저기 기웃거리지 않고 세월을 낭비하지 않는, 자신의 삶에 충실하겠다는 다짐을 한 것이다.

4

　시인의 '사랑'은 독하기 짝이 없다. 역신도 감복해서 물러나게 한 천하의 처용이도 시험대에 올린 그의 사랑은 한 수 위다.

천만에요 / 두 다리 옆에 싱싱한 두 팔 잘라

슬쩍 뉘어 보았는걸요 / 이불 속엔 철철 피 흘렸는걸요

이글이글 타는 당신 눈빛 보려고요

(중략)

당신 있는 어디건 아직 떠도는 / 나를 불러 어서 기워야

너덜너덜한 팔다리 헤엄쳐 / 당신의 깊은 바다 먼저 가 있지요

이다음엔 백일하에 / 깊은 물속까지 다 태우고 남을 눈빛으로

그렇게 와요 꼭 와요

〈처용전상서〉 일부

  화자는 사랑을 위해서는 백 번이고 천 번이고 죽을 각오가 되어 있다. '너덜너덜한 팔다리로 헤엄쳐 가는' 그의 서슬 푸른 사랑은 그 누구도 당해낼 수가 없다.

문 닫아라 / 전속력으로 간다 //

너에게 상륙해야만 / 비로소 잠잠해질 이 소용돌이 속에서

나는 이미 만신창이다

(중략)

미안하다 / 미풍으로 너에게 가는 일

네 주위를 다만 서성이는 일 / 그보다 어려운 일은

없었다

〈태풍주의보〉 일부

   인간에게 사랑은 숙명과도 같다. 화자는 그리운 이에게 가기 위해 '전속력으로' 질주한다. 하지만 '나'로 인해 '네'가 다칠까 봐 속도를 늦춘다, 멈춘다. 시인은 그런 사람이다.

   생각이 때로 마음을 잡아먹고
   마음이 몸을 잡아먹어 / 시름시름 아플 때가 있다
   (중략)
   속 편하라는 아프지 말라는 / 약을 먹을 때마다
   속이 불편해지고 아픈 생각이 들고
   정말 끙끙 앓기 시작했다
   (중략)
   안 아프다 / 안 아프다 / 너 같은 것 하나도 / 안 보고 싶다

〈생각〉 일부

   마지막 행 "안 보고 싶다"는 왜 이렇게 보고 싶다는 말처럼 들리는지……. 아픈데도, 아프다고 생각해 본 적이 없는 화자의 마음을 충분히 헤아려 주고 싶다.
   시인은 수도 없이 피고 지는 꽃들을 보면 애가 탄다. 꽃은 졌으면 그만이지 왜 자꾸 피는 건지, 사람 참 헷

갈리게 한다.

> 아무리 살아도 / 만날 수 없어 //
> 나도 없어져 / 만날 수 없는 시간마저 / 자꾸 없어져 //
> 네가 울며 말했던 / 내가 울며 끄덕인 //
> 거기서 어서 / 나를 불러 달라고
>
> 〈백일홍〉 일부

> 울리지 않는 전화번호를 반납하고
> 자궁을 들어낸 여자처럼 쓸쓸해졌다
> (중략)
> 꽃은, 지는 순간부터 또 피어날 준비를 한다는 게
> 그게 문제다
>
> 〈꽃 지던 날〉 일부

떠난 뒤에도 차마 지울 수 없는 이름, 다 지워버렸다 해도 선명하게 떠오르는 얼굴, 내가 죽기 전에 결코 잊혀지지 않을 사람이다.

> 아이 아빠 눈 감고 사나흘 / 눈이 내린다 //
> 끝내 눈 못 뜨고 / 못 보고 간 아이 보고 싶어
> 수억만 개의 눈으로 눈으로 / 이 세상에 내린다
> (중략)

> 그 수억만 개의 눈들을 차마
> 볼 수 없었다, 그 많은 눈들이 //
> 쌓이는지 / 흐르는지
> 돌아오는 아이 이마에 뺨에
> 녹아내리는지 어쩌는지

〈삼월에 내리는 눈〉 일부

 이 세상에 남아 있는 사람의 한은 충분히 이해하겠지만, 가는 사람의 한은 어떻게 풀어줘야 할 것인가. 눈물이 눈이 되어 사방에 쌓이고 흐르고, 아이의 이마에 뺨에까지 녹아내리는데 어쩔 것인가. 이 시를 보는 나도 애끓는데, 시인의 마음은 오죽했을까. 시인을 위로해 준답시고 전화를 걸었는데 웃고 있어서 같이 웃어버린 적 있다. 전화기 너머로 울고 있는지도 모르고.

> 어떤 울음소리는 웃음소리로 들린다

〈벽〉 전문

 어찌 그 마음을 다 헤아릴 수 있었겠는가.
 그러나 시인은 힘을 내어 희망의 소리를 낸다.

> 우리 다시 만날 수 있다면 / 아주 늦게 만났으면 해
> (중략)

이 세상과 저 세상의 갈림길에서 / 살아있는 동안은
헤어지는 일 아주 없게

〈우리 다시 만날 수 있다면〉 일부

시인은 간절히 '헤어지는 일 없게' 하루 중, 한 해 중 가장 늦은 때를 기다리고 있다. 이렇게 기다림이 평생이 되어도 오기만 한다면 상관없다.

오겠다고 약속한 날까지 오지 않는 사람을
그래도 기다리는 나는 / 유통기한이 지난 통조림이다
(중략)
흘러 통하는 것, 그게 어디 / 사람들에게서뿐이랴
꽃과 바람 파란 이파리와 빗물 따사로운
햇살과 이마 새와 나뭇가지 아, 봄날의 유통은
약속 없이도 살갑기만 하여라 //
내게 다시 / 그대를 만나고 헤어지는 날이 온다면
또 기다려야 하는 날이 온다면 나는
유통기한이 아주 긴 남은 평생쯤 되는
그 무엇이면 좋겠다

〈유통기한〉 일부

이보다 더 참신한 표현의 사랑시는 없을 것이다. '유통기한이 지난 통조림'에서 '기다림'을 떠올리는 기막

힌 발상은, 세상을 바라보는 시인의 깊은 통찰력에서 나왔다. 앞으로 이 시는 최고의 사랑시로 유통될 것을 확신한다.

이십여 년 전, 시인이 툭 던진 "내가 가장 잘한 일은 내 새끼 낳아 기른 것"이라고 자랑스럽게 말하던 모습이 떠오른다. 나도 내 뱃속으로 낳은 새끼가 있었지만, 어설픈 엄마인 나로서는 한없이 부끄러웠다. 그때 시인의 나이는 30대 중반이나 되었을까, 세상 다 산 사람처럼 무심코 말했던 모습이 역력하다. 이제는 나도 50대가 되어서야 당당하게 말할 수 있을 것 같다.

잘 키우진 못했다

물은 그럭저럭
햇빛은 사이사이
바람은 제멋대로

나에게 감기나 장염이나 아주 드물게 실연 같은 시련이라도 오는 때
너는 시들어도 미웁지가 않은 노오란 이파리 몇 개 겨우 떨구었다

최적의 환경은 아니었으나
네 줄기는 더 뻗을 길 없고
네 뿌리는 더 깊을 길 없다
분(盆)에 넘치다

이제 가렴, 가서
이 세상 어느 햇살 어느 바람에
잠시라도 가벼웁게라도 흔들릴 때 들으렴
연하디연한 연두일 때부터 내가 바라보며 켜켜이
속삭여 둔 말

너로 인해 좋았다,
씩씩하게도 굳게도 푸르게도 네가 살아
내가 살았다는
그 말

〈내 집에 살던 벤자민〉 전문

   나를 돌아보게 하는 거울과도 같은 시이다. 말 한마디 한마디가 세상 모든 부모들의 마음을 공감하게 만드는 구절들이다. '분에 넘치는 벤자민', 잘 자라준 분에 넘치는 내 새끼, 가슴 뭉클하게 하는 대목이다. 세상 모든 사람들이 이런 마음이라면 세상 그 어떤 자식들이 잘 자라지 않겠는가. 시인은 내가 힘들 때면, 항상 '괜찮다, 괜찮다', 잘못했을 때에도 '잘했다, 잘했다', 그의 긍정의 힘은 나를 살게 했다. 그의 희망의 노래가 세상 모든 사람들에게 전해지길 바란다.

  시인은 남 눈치 보지 않고, 자신의 시 쓰기에 몰두하는 사람이다. 어쩌면 세상의 무리에 휩쓸리지 않으려는 마음으로 시에 의지했을지도 모른다. 어느 날 시가 시인에게 와줘서 고맙고, 준향이가, 어린 왕자가 와줘서 고맙다. 그리고 시인이 내게 와줘서 고맙다.

  마지막으로 내가 말만 하면 시로 다 표현해 주는 시인께 감사드린다.

후기

　몇 해 전 엄마가 돌아가셨다. 몇 달 후 둘째 언니가 세상을 떠났다.
　엄마는 오래 요양병원에 계셨던 터라 유품 정리라야 자식들 각자의 마음이 할 일이었지만 둘째 언니는 갑작스럽게 떠난 터라 큰언니와 동생과 유품 정리를 해야 했다.
　땀을 쏟으며, 온갖 추억들이 끝도 없이 떠올라 웃기도 하다가 울기도 하다가, 문득 내 빈자리를 생각하게 되었다. 살림살이가 빽빽한 편은 아니지만 그 많은 옷들과 서랍들 빼곡히 들어찬 것들과 게을러 더러워진 집 안 구석구석 누가 정리할 것인가. 어차피 입고 쓸 사람이 떠났으니 다 버린다 쳐도 이십 년 넘게 방치한 서른 권도 넘을 공책들은, 그 속에 담겼을 내 마음들은 누가 어떻게 정리할 것인가.
　그 후 몇 해에 걸쳐 천천히 정리를 시작했다. 주중엔 일하느라 주말에만 쉬엄쉬엄하다 보니 정말 몇 해가 걸렸다. 애초에 정리가 되는 일이 아니었으나, 부끄럽고 괴롭기 그지없는 일이었으나 열심히는 했다. 홀가분하지는 않다. 앞으로도 게으른 틈틈이 하루하루 나를 정리하며 살아야 할 것이다.

2024년 가을
한정화